国家智库报告 2015（22）
National Think Tank

传　媒

中国媒体融合发展现状
（2014—2015）

唐绪军　黄楚新　王丹　著

THE CURRENT DEVELOPMENTAL SITUATION OF CHINA
MEDIA CONVERGENCE (2014-2015)

中国社会科学出版社

图书在版编目(CIP)数据

中国媒体融合发展现状.2014~2015/唐绪军,黄楚新,王丹著.
—北京:中国社会科学出版社,2015.12
(国家智库报告)
ISBN 978-7-5161-7104-2

Ⅰ.①中…　Ⅱ.①唐…②黄…③王…　Ⅲ.传播媒介—发展—研究报告—
中国—2014~2015　Ⅳ.①G219.2

中国版本图书馆 CIP 数据核字(2015)第 271548 号

出　版　人	赵剑英
责任编辑	王　茵
特约编辑	喻　苗
责任校对	王佳玉
责任印制	李寡寡

出　　　版	中国社会科学出版社
社　　　址	北京鼓楼西大街甲 158 号
邮　　　编	100720
网　　　址	http://www.csspw.cn
发　行　部	010-84083685
门　市　部	010-84029450
经　　　销	新华书店及其他书店

印刷装订	北京君升印刷有限公司
版　　　次	2015 年 12 月第 1 版
印　　　次	2015 年 12 月第 1 次印刷

开　　　本	787×1092　1/16
印　　　张	4.75
插　　　页	2
字　　　数	40 千字
定　　　价	18.00 元

摘要： 从 2014 年中央全面深化改革领导小组通过《关于推动传统媒体和新兴媒体融合发展的指导意见》以来，中国的媒体融合发展进入深化的新阶段。媒体融合，既是全球传统媒体在新媒体环境下转型的大势所趋，也是我国国家战略的规划需求，是技术与市场双推力作用下的必然结果。在新传播技术的高速发展下，媒体发展格局与媒体秩序发生重大变化，受众阅读习惯、信息获取方式深刻改变。以报刊、广电为主体的传统媒体面临生存危机，以微博、微信、新闻客户端为代表的新媒体发展迅猛。因此，传统媒体与新媒体融合发展，有利于发挥传统媒体内容生产优势和新媒体的技术优势，将利益效果最大化。过去的这一年，我国媒体在融合发展道路上进行了战略化转型规划、媒体电商化发展、整合重组媒体组织机构、多途径资本融合等新探索、新尝试，取得了一定效果。未来，移动互联和智能物联领域将成为媒体融合发展的主战场，创新传统体制机制、更新传统新闻传播理念、重构商业模式等将成为媒体融合的重点与难点。

关键词： 媒体融合　国家战略　媒体电商化　跨界合作　体制机制创新

Abstract: Media Convergence is an irresistible trend for global traditional media's transformation in the era of new media, and also an inevitable consequence resulted from both technological and marketing dynamics. Under the rapid development of new communicational technologies, China's media development structure, media order, as well as audiences' reading habits and information acquiring methods, have been undergoing profound changes. Traditional media, e. g. the press, radio and television broadcasting, are struggling in survival crisis. New media, such as Weibo (microblog), Wechat and news Apps, are developing rapidly. The convergence of traditional and new media will help to combine traditional media's strength in content production and new media's strength in technology, which, consequently, will maximize the interests of both sides. In August 2014, the central leading group for deepening overall reform headed by President Xi Jinping, adopted a guideline establishing media convergence as a national strategy. From then on, China's media convergence has entered a new phase of deepening development. China's media industry has explored strategic transformation planning, e – business developing, organizational reintegrating, multi – channeled capital merging and other new ways to achieve convergence, and has gained some positive results. In future, the Mobile Internet and the Intelligent Internet of Things will be the battlefield for media convergent development, whose focuses and difficulties lie in the innovation of traditional media institutions and mechanisms, the renovation of traditional media communication ideologies, and the reconstruction of media business models.

Keywords: Media Convergence, National strategy, Media e – business, Crossover Collaboration, Systemic and mechanism innovation

目　录

2014 年 8 月，中央全面深化改革领导小组第四次会议审议通过的《关于推动传统媒体和新兴媒体融合发展的指导意见》，提出"要着力打造一批形态多样、手段先进、具有竞争力的新型主流媒体，建成几家拥有强大实力和传播力、公信力、影响力的新型媒体集团，形成立体多样、融合发展的现代传播体系"。

　　一年来，媒体融合不断深入推进。传统媒体融合转型加速，受众市场日益细分，新媒体产品持续涌现，跨界合作不断加速。媒体融合在不断探索、不断创新中前行。

一　总体概况与整体态势

（一）媒体融合：全球媒体发展趋势

新传播技术带来的冲击是全球性的。比较突出的是一些报刊因盈利收入下降等运营问题被迫停刊或停止印刷版发行。例如，从 2014 年 7 月开始，属于巴西第三大新闻集团 EJESA 的巴西经济类报纸《巴西经济》正式从新闻媒体的舞台上消失。[①] 同年 10 月，日本《漫画俱乐部 Original》杂志宣布最新发售的 12 月号是这本刊物的最后一期，此后将正式休刊。[②] 2015 年 5 月，因报纸业务营收逐年下滑，美国发行量最大的报纸《今日美国》表示大约五年内将会停止发行印刷版，转为纯互联网新闻媒体。[③] 同时，美国著名的政论周刊《国家》将于 2015 年年底停刊，转型成一个提供新闻产品、服务、工

[①] 《报纸发行量锐减　巴西多家报社倒闭》，人民网，2015 年 7 月 29 日，http://media.people.com.cn/n/2015/0729/c40606 - 27376876.html。

[②] 《〈漫画俱乐部 Original〉宣布 10 月停刊》，腾讯动漫，2014 年 9 月 23 日，http://comic.qq.com/a/20140923/043278.htm。

[③] 晨曦：《美国最大的报纸称五年内将停止印刷版》，腾讯科技，2015 年 5 月 26 日，http://tech.qq.com/a/20150526/059110.htm。

具的综合性集团。①

面对危机，欧美等世界其他国家的传统媒体正在网络浪潮中进行着改革探索，这种探索是全方位且具有颠覆性的，涉及报业、广电、广告等整个媒体业。全球传统媒体都在通过采取各种具有融合特征的转型措施，来应对数字化和移动化带来的巨大变革。

在报业方面，一些大型报业集团的转型步伐开始较早，已各自取得了一些成果。目前，这些报业集团大体明确了以用户为导向的转型方向，将新技术与内容生产相结合，转型态度较为积极，处于不断尝试和探索方案的阶段。

打造移动互联网新闻端口是欧美几大传媒集团普遍采取的措施，如《纽约时报》《华尔街日报》《华盛顿邮报》《洛杉矶时报》等都有对应各自新闻网站的 App。英国广播公司（BBC）旗下拥有 BBC News、BBC Sport、BBC iplayer Radio 等数十种 App。通过开发新媒体移动端，可以获取移动端的新闻用户，同时媒体 App 平台独立，可以实现自我掌控。

---

① 郝思斯：《美国〈国家〉杂志停刊：不做杂志做服务》，搜狐传媒，2015 年 7 月 27 日，http：//media. sohu. com/20150727/n417617494. shtml。

　　在传统体制和机制革新方面，特别是人才机制上，除了为应对盈利减少开展裁减人员外，进行数字化人才的引进显得尤为重要。2014 年 2 月，《纽约时报》设立了"首席数据科学家"的岗位，聘请哥伦比亚大学应用数学副教授克里斯·维金斯（Chris H. Wiggins）兼任。[①]其将带领专业小组在数据新闻、可视化新闻等领域进行探索。同年 10 月，《纽约时报》启动了近年来力度最大的一次裁员行动，裁掉约 100 名新闻编辑，以节省成本适应行业新剧变。同时，新增数字媒体和社会化营销方面的专才，进行组织结构优化。

　　面对运营压力，西方一些大型媒体通过竖起"付费墙"向数字订阅用户收费。截止到 2014 年 7 月，美国已经有 500 多家报纸设立了不同形式的"付费墙"，约占美国报纸总数的 40%。[②]通过依靠内容优势这项媒体的核心竞争力，目前，《华尔街日报》和《金融时报》等国外媒体通过"付费墙"模式获得了数字订阅的赢利。

　　① 《NYT 设"首席数据科学家"聘哥大应用数学副教授兼任》，搜狐传媒，2014 年 2 月 14 日，http：//media. sohu. com/20140214/n394996804. shtml。
　　② 陈丽丹：《美国纸媒加快数字化转型　近 4 成报纸建付费墙》，新浪网，2014 年 7 月 14 日，http：//news. sina. com. cn/m/2014 - 07 - 14/070030514458. shtml。

对于广电业来说,与网络技术交融,提供网络视频服务成为一大转型趋势。2014 年美国社交网站 Netflix 以强大的用户数据分析资源为基础自制的剧集《纸牌屋》获得成功。这为传统广电业带来了转型启示。2014 年 10 月,知名的有线频道 HBO 宣布将在 2015 年推出不捆绑有线服务的独立视频服务。美国三大电视台之一的 CBS (哥伦比亚广播公司),也推出了完全独立的网络视频服务。[①] 此类服务可以使广播电视公司通过用户付费获得更多的收入,同时也可以向更多的网络用户推广电视节目。

此外,西方媒体还普遍通过重塑实体空间、进行组织机构调整等措施对新闻机构进行重组和整合。BBC 的新闻中心是一个"超级编辑部",其为广播、电视和网站等同时提供新闻。《每日电讯报》《迈阿密先驱报》《西雅图时报》等均通过重新建立中心化的全媒体新闻中心的形式,将传统媒体和网络媒体员工进行集合,提高编辑部工作效率以及新闻素材的多终端利用。新闻集团进行拆分和重组也有利于优势资源的集中。2012 年起,新闻集团、时代华纳集团、论坛集团、华盛顿邮报

---

① 《美电视台集体转型　CBS 跟随 HBO 推独立包月视频》,腾讯科技,2014 年 10 月 17 日,http://tech.qq.com/a/20141017/051015.htm。

集团已经先后完成分拆。2015 年 6 月 29 日,以《今日美国》为旗舰的美国传媒业巨头甘奈特集团（Gannett Co.）一分为二,新命名为 TEGNA 的广播电视、数字业务集团,仍然称为"甘奈特"的报业集团同时在纽约证交所上市。这是最新的一个将其印刷媒体资产与广播影视资产分拆的美国传媒集团,也是最后一个既有报业资产又有电视资产的美国大型媒体集团正式解体。[①]

（二）媒体融合成为国家战略

2014 年在我国传媒界被称为"媒体融合元年"。因为这一年 8 月 18 日,中央全面深化改革领导小组第四次会议审议通过了《关于推动传统媒体和新兴媒体融合发展的指导意见》（以下简称《意见》）,媒体融合发展被提升到深化改革的战略层面。《意见》对新形势下如何推动媒体融合发展提出了明确要求,做出了具体部署。意见要求"要着力打造一批形态多样、手段先进、具有竞争力的新型主流媒体,建成几家拥有强大实力和传播

---

① 陈凯茵:《财发现:报业终结,美国六大传媒巨头的分拆与解体》,新华网财经综合,2015 年 7 月 1 日,http://news.xinhuanet.com/fortune/2015 - 07/01/c_ 127968628. htm。

力、公信力、影响力的新型媒体集团"。这意味着"媒体融合"最终进入了最高决策层，是中央在思想舆论领域的重要战略部署。中央通过顶层设计，着手媒体战略布局，占领舆论制高点，通过传统媒体与新兴媒体融合，在媒体新格局中掌握主动权。

《意见》的出台为媒体今后的发展明确了方向。相关部门纷纷响应，展开了一系列融合措施。在《意见》出台 10 天后，国务院下发《国务院关于授权国家互联网信息办公室负责互联网信息内容管理工作的通知》。授权重新组建的国家互联网信息办公室负责全国互联网信息内容管理工作，并负责监督管理执法，解决了在互联网领域长期以来多头管理的问题。

在新闻出版领域，2014 年 10 月 14 日，国家新闻出版广电总局出台《深化新闻出版体制改革实施方案》（以下简称《方案》），提出五方面要求：完善新闻出版管理体制；增强新闻出版单位发展活力；建立健全多层次出版产品和要素市场；推进出版公共服务体系标准化、均等化；提高新闻出版开放水平。《方案》中明确提出："鼓励和支持传统出版传媒与新兴出版传媒融合发展。推动传统出版企业兼并重组。"同时对网络出版管理机制创新，出版物内容网络传播规范等均有规定。

2015年8月，中央网信办、国家互联网信息办公室副主任徐麟表示，中央网信办将通过6大举措加大支持媒体融合发展力度。一是将"媒体融合专项工程"纳入"十三五"时期网络文化改革发展规划纲要。二是组织力量编制重点新闻网站发展规划，推动多媒体、多层级、多语种等的融合发展。三是积极提供政策支持，建立健全国有资本进入培育互联网企业。四是积极协调政府、社会和企业加大资金投入，依托中国互联网发展基金会等对媒体融合发展给予大力支持。五是注重加强网络新技术、新应用的战略培育，拓展新技术、新业态，为媒体融合发展提供技术支撑。六是通过在新闻网站核发新闻记者证，开展从业人员教育培训等措施，不断加强人才队伍建设，努力打造新媒体领域的国家队和主力军。[①] 这些密集的管理举措，均是政府加大主导融合发展的力证，保障媒体融合工作落到实处。

在2015年的政府工作报告中，李克强总理首次提出

---

① 《"2015媒体融合发展论坛"发言摘编》，人民网，2015年8月20日，http://media.people.com.cn/n/2015/0820/c14677-27488472-3.html。

"制定'互联网+'行动计划，推动移动互联网、云计算、大数据、物联网等与现代制造业结合，促进电子商务、工业互联网和互联网金融健康发展，引导互联网企业拓展国际市场"。"互联网+"计划鼓励互联网与传统产业结合，作为较早受互联网影响的传统媒体产业来说，与互联网结合有利于促进媒体产业升级。传统媒体在互联网的影响下已经经历了一轮转型，一些媒体已经逐渐端正了对互联网的认识，意识到互联网不仅仅是平台和工具，而且是一种能够促进传媒新业态出现的力量。"互联网+"计划是推动媒体进行新一轮转型的外在动力和必要途径。

2015年4月14日，在一季度经济形势座谈会上，李克强关心"网速"问题，敦促加大信息基础设施建设、提高网络带宽。在敦促"提网速、降网费"一个月后，5月13日，李克强主持召开国务院常务会议，确定加快建设高速宽带网络促进提速降费措施，助力创业创新和民生改善。网络带宽的增加、网速的提升和网费的下降在基础设施建设上为媒体融合工作的开展提供了条件。

同时，财政方面扶植力度创新高，为传媒业发展提供资金保障。据国务院新闻办发布的数据，2014年，全国财政一般公共预算文化体育与传媒支出达到了 2753 亿元。[①] 近年来中央文化产业发展专项资金累计支持新闻出版项目近千个，资助金额超过 76 亿元。仅 2014 年，新闻出版项目就获得 21 亿元的支持。[②]

在中央出台政策助力媒体融合的同时，各地方政府也通过出台相关政策、文件和规划等总体部署，指导媒体融合切实开展。例如，上海市制定了《上海市主流媒体发展新媒体专项资金实施办法（2014 年版）》，在上海市宣传文化专项资金预算中，安排专项资金通过无偿资助、贷款贴息和政府购买等方式支持上海市主流媒体发展新媒体业务。2014 年 8 月 19 日，重庆市委第 93 次常委会审议通过了《重庆市媒体融合发展实施意见》，从指导思想、基本原则、发展目标、主要任务、实施步骤和保障措施六个方面对重庆市媒体融合工作进行了全方位规划安排。提出加大支持力度，自 2015 年起重庆市委

---

① 周玮：《财政部：2014 年全国财政一般公共预算文化体育与传媒支出 2753 亿元》，新华网，2015 年 1 月 22 日，http：//news. xinhuanet. com/culture/2015 –01/22/c_ 127408943. htm。

② 涂桂林：《新闻出版项目去年共获 21 亿元专资支持》，中国新闻出版网，2015 年 2 月 6 日，http：//www. chinaxwcb. com/2015 – 02/06/content_311501. htm。

连续三年安排预算资金、专项资金支持重庆日报报业集团、重庆广电集团（总台）宣传舆论主营业务发展和媒体融合项目建设。

此外，《海南日报报业集团媒体融合发展实施方案》《新疆推进传统媒体与新兴媒体融合工作计划》和《山西日报媒体融合发展规划方案》等各地方总体规划和支持计划也相继出台，均立足于地方实际。在统一设计和规划下，传统媒体和新兴媒体充分发挥各自的传播优势，合力打破壁垒，实现优势互补，共同发展。

（三）技术与市场双推力促进传统媒体转型

新传播技术促使新媒体迅速发展，网络的"自由、开放、交互"和移动互联网的"移动、及时、便捷"等特征造就了传统媒体的接收者由"受众"到"用户"的身份改变，同时他们的信息获取方式和阅读习惯也从"纸上阅读"变为了"屏上搜索"。

据中国互联网络信息中心（CNNIC）最新发布的第36次《中国互联网络发展状况统计报告》，截止到2015年6月，我国网民规模达6.68亿，互联网普及率为48.8%。我国手机网民规模达5.94亿，较2014年12月增加了 3679 万人。我国网络新闻用户规模为 5.55 亿，较 2014 年底增加了 3572 万。其中，手机网络新闻用户规模为 4.60 亿，与 2014 年底相比增长了 4420 万人，增长率为 10.6%。[①] 通过平板电脑和手机等移动终端获取新闻，成为越来越多的人的选择。

新传播技术的发展使传统媒体生存环境变得日趋恶劣。据《2014 年新闻出版产业分析报告》数据，2014 年，全国报纸出版营业收入同比下降 10.2%；利润总额同比下降 12.8%。46 家报刊传媒集团主营业务收入与利润总额分别降低 1.0% 与 16.0%；报业集团中有 17 家营业利润出现亏损，较 2013 年又增加了 2 家。[②] 报纸出版收入的减少，报业集团利润的降低甚至是亏损表明了传统媒体市场份额的减小，生存空间变窄，面临生存危机。自 2014 年 1 月起，国内一系列的传统报刊相继停刊，《新闻晚报》《天天新报》《房地产时报》《Oggi 今日风

[①] 《第 36 次中国互联网络发展状况统计报告》，中国互联网络信息中心，2015 年 7 月，http://www.cnnic.net.cn/hlwfzyj/hlwxzbg/hlwtjbg/201507/P020150723549500667087.pdf。

[②] 应妮：《官方指 2014 年中国报刊业"全方位深度下滑"》，中新网，2015 年 7 月 15 日，http://www.chinanews.com/cul/2015/07 - 15/7407572.shtml。

采》《竞报》《心理月刊》《程序员》《教育与出版》《都市主妇》《读者原创版·全世爱》《电脑乐园游戏》《杂文报》《长株潭报》……这张名单还在不断增加中。

与此形成鲜明对比的是新媒体如火如荼的发展态势。据艾瑞咨询数据，2014年中国网络广告市场规模达到1540亿元，同比增长40.0%。一些大型互联网公司广告收益颇丰。2014年，百度广告营收超过490亿元，同比增长为53.5%，位居第一。淘宝广告营收超过375亿元，位居第二。①

新媒体的发展使传统媒体自身的内容生产优势和渠道优势降低，传统媒体面临严峻的生存考验。在网络化和数字化社会，媒体传统的新闻生产流程被淘汰，取而代之的是去中心化的扁平式的新闻生产。丰富的新媒体产品和平台使用户生产内容优势尽显，也使传统媒体逐渐失去了对信息发布渠道的专有控制。新媒体主要具有提供及时分享、个性化服务、富媒体阅读体验等方面的优势，更加受到广大网民的青睐，也更加具有市场发展

① 杨雪斌：《2014年网络广告营收超过1500亿元，同比增长40%》，艾瑞网，2015年2月1日，http：//report. iresearch. cn/html/20150201/245911. shtml。

前景。传媒业态的变化使传统媒体业转型成为必然。

　　同时，技术的进步也为传统媒体转型提供了可能和支持。媒介传播方式的变革离不开技术的推动。大数据、云计算、移动通信技术、物联网等先进的技术革新使传统的新闻生产方式、媒体运营方式、营销手段、媒体发展理念等发生了根本性的变化。技术推动媒体产业更新与升级。例如，作为当代信息技术进步的最新体现，4G 移动通信技术与传媒业结合，可以大力推动网络视频业务的发展，使移动终端观看视频成为可能，有效提升用户收视体验。而智能眼镜、智能手表等可穿戴设备的推广和应用催生了智能物联网的发展，可以及时传送、更新和储存用户数据，增强了媒体与用户间的互动。在智能物联网时代，电视不仅仅是一个电视节目播放器，而且是一台集网络购物、视频点播、网络搜索与游戏等于一体的多功能、多用途的物联网技术接收终端。智能物联网必将打破不同传播媒介之间的区隔，使所有媒介融合于一体。

二　融合现状与焦点透视

（一）　媒体融合深化阶段，传统报业实行战略化转型

事实上，中国传统媒体的战略转型与融合发展在十多年前就开始了。《意见》的出台，使传统媒体的发展步入全面深入融合的新阶段。媒体融合作为移动互联时代传统媒体转型的关键，得到了各家报业单位的重视，成为全行业的一种自觉。从中央主流媒体到各地方报社纷纷从长远大局出发，制定完善融合战略，从整体布局上进行融合实践。

《人民日报》以项目带动社属媒体深度融合。2014年，《人民日报》确定了融合发展的三大项目——人民日报社全媒体新闻平台、人民日报社数据中心和人民日报客户端。通过项目带动，《人民日报》旗下微信公众号遍地开花，人民网PC端与手机端全方位融合，电子阅报栏从"一屏"向"多屏"发展①，《人民日报》融合新媒体取得了一些可喜成果。《中国日报》则通过建立全

---

① 　人民日报社编：《融合元年——中国媒体融合发展年度报告（2014）》，人民日报出版社2015年版，第184—185页。

媒体指挥体系，推进全媒体一体化采编平台建设和新媒体实验室大数据支撑服务。在"统一规划、统一风格、统一推广"的总体原则指导下，《中国日报》融合工作带来了一系列社会效益：中国日报网的全球网站排名提升至全球前 100 位，《中国日报》客户端 2014 年全球下载用户数较前一年年底增长 45%，达到 500 万，每日活跃用户数增长超过 100%[①]……

2014 年 12 月，《华西都市报》在创刊 20 周年之际，提出了全新融合发展战略"i 战略"。其内涵是以开放合作（i－cooperation）理念，向资讯（i－media）、社交（i－link）、电子商务（i－EB）、互联网金融（i－finance）四个方向突破。通过"i 战略"，着力构建"小前端、大平台、富生态"的传媒融合发展格局。在战略指导下，华西都市报"两微一端"、掌上四川"两微一端"、八度新闻华西频道以及三款社交产品"成都范儿""爱呦""广场舞"等新媒体产品陆续推出，在各自领域发展迅速。[②]

---

① 人民日报社编：《融合元年——中国媒体融合发展年度报告（2014）》，人民日报出版社 2015 年版，第 204—205 页。
② 姚海涛：《华西"i"战略　全面拥抱互联网》，华西都市网，2015 年 1 月 1 日，http：//news. huaxi100. com/show－135－584229－1. html。

浙报集团探索"新闻＋服务"融合发展路径，其"三圈环流"战略使新媒体产品有序发展。2014年全年实现营收和净利润增长20%左右，其中来自互联网等新媒体服务的收入占集团营收近40%，利润占到50%以上。① 杭州日报报业集团提出"1＋3"全媒体矩阵战略目标，即通过一支全媒体采编队，一套融合报纸、网站和移动终端三种媒体的发布渠道，完善报业集团新媒体运作体系。

南方报业传媒集团提出"深耕主业、多元开拓、加快转型、融合发展"十六字发展方针，启动了"一体两翼"融合发展布局。通过"一体"即南方报业传媒集团和"两翼"即以南方网为龙头的网络传播主平台和以集团新媒体公司为龙头、以新兴项目为重点业务的其他新媒体产品线平台共同带动集团转型。在"一体两翼"战略布局下，南方网、南方舆情和289南方艺术院区作为三大项目被重点培育并发展起来。

此外，诸如成都传媒集团进军新媒体的"4311"战

---

① 安立：《2014报刊业创新十大案例　媒体融合唱主角》，荆楚网，2015年4月11日，http://news.cnhubei.com/xw/2015zt/zgcmnh/201504/t3230144.shtml。

略、上海报业集团的"平台"战略、青岛报业传媒集团掌控传媒的"内容生产、技术开发、运营推广、模式输出"四位一体驱动战略等①，均是传统报业深化融合，进行全局部署和整体规划发展的具体实践。

（二）资源整合或重组，报业进行组织融合和机构创新

媒体融合的一项重要内容是通过优势资源的互补、重组与整合，完成媒体资源大融合。这体现在媒体组织机构上，便是通过媒体业内部组织机构的调整完成组织与机构间的融合。传统报纸的部门设置已经不能适应新媒体时代新闻生产方式的需要，因而进行组织与机构融合是顺利改变报纸新闻业务生产流程的前提，也是报业进行转型的组织体系保证。

中心化聚合型平台建设是报业进行组织融合的一项举措。2014 年 10 月，光明日报率先成立"融媒体中心"。作为报社媒体创新的技术平台，融媒体中心是全社新媒体内容的加工基地，承担所有新媒体领域的技术支

---

① 人民日报社编:《融合元年——中国媒体融合发展年度报告（2014）》，人民日报出版社 2015 年版，第 228—229 页。

撑，并负责产品设计和市场对接。① 2014 年《人民日报》依托云计算架构，打造了全媒体新闻平台。其中，平台的核心是整个报社新闻采编指挥中枢和中央控制平台的"全媒体新闻大厅"。② 同时人民日报社还通过整合十余个业务部门及其采编人员，组建了"中央厨房"。"中央厨房"下设决策领导、统筹推广团队、采访组、内容定制团队和可视化团队五个团队部门，经过统一指挥和资源统筹，在全国两会、博鳌亚洲论坛等专题报道中表现出色。③ 2015 年 10 月 8 日，人民日报社举行新媒体中心成立仪式，新媒体中心的建立成为人民日报社集中力量推动媒体融合发展的新起点。

一些融媒体中心、中央编辑部、全媒体中心等机构的建立是报业通过内部人力和实体空间资源整合，以新组织机构的形式为报业转型提供的有力保障。因中心式编辑部具备采访资源共享便利、信息分享速度快、人员集中工作效率高等特性，成为传统报业融合新媒体、进

---

① 《光明日报陆先高：融媒体才是王道》，腾讯科技，2014 年 11 月 19 日，http://tech.qq.com/a/20141119/017554.htm。

② 人民日报社编：《融合元年——中国媒体融合发展年度报告 (2014)》，人民日报出版社 2015 年版，第 184—185 页。

③ 同上书，第 292—293 页。

行组织机构改革的首选。2014 年 12 月，广州日报报业集团成立"中央编辑部"，广州日报社夜编新闻中心、全媒体新闻中心、数字新闻实验室等部门共同构成了这个中心式大编辑部，从而实现了统一指挥、多元呈现，对传统报纸和新媒体信息发布端口统一把关。12 月 10 日，由发布中心、采集中心等组成的徐州日报全媒体中心成立。这些内部机构整合的外部表征是，2015 年"两会"期间，许多报社都派出了全媒体报道小组，对"两会"进行全方位多形式的报道。

在 2014 年 8 月 18 日中央全面深化改革领导小组审议通过《关于推动传统媒体和新兴媒体融合发展的指导意见》时，习近平总书记强调，要着力建成几家拥有强大实力和传播力、公信力、影响力的新型媒体集团。因此，除了报业内部组织重组外，各地区的报社也通过组建集团或集团联盟的形式，完成地区媒体资源的整合。2015 年 7 月，湖南日报报业集团有限公司揭牌成立。2014 年，湖南的《潇湘晨报》《长株潭报》《法制周报》和《当代商报》划归湖南日报报业集团；湖南广电、芒果传媒、教育台重组为湖南广播影视集团。报业与广电业通过分离实现同类资源集中。

一些传统媒体集团通过整合旗下新媒体资源，以成立新媒体集团的形式使新媒体业务更加专门化。如 2014 年 7 月，安徽日报报业集团出资并主办的安徽新媒体集团成立。《安徽手机报》、中安在线新闻网站、舆情信息服务等基于网络与移动互联的应用得以大力发展。湖北日报传媒集团主办了湖北日报新媒体集团，辽宁报业传媒集团旗下有辽宁日报新媒体集团，黑龙江出版集团出资设立了黑龙江新媒体集团等。

（三）"两微一端"引领新媒体产品蓬勃发展

传统媒体与新兴媒体融合发展催生了大量新媒体产品。2014 年至今，微博、微信和客户端组成的"两微一端"仍是传统媒体进军互联网和移动互联网的主要端口。以报纸为本位，形成两微一端、手机报、视频、H5 动图等多态化发展模式，定制化、可视化、数据化、移动化已成为传统报业在内容上探索发展的大方向。

在微博领域，依托微博平台快速及时、海量、碎片化的内容和多对多的裂变式传播样式，媒体在微博上的信息传播影响力巨大。报纸在新浪微博、腾讯微博通过官方账号，以日常维护和新闻及时不间断推送的形式保持用户黏性。微博也成为新闻事件的首选曝光地和舆情发酵场。截止到 2015 年 8 月 15 日，人民日报法人微博在人民网、新浪网、腾讯网三大平台上的"粉丝"总量高达 6800 余万。新华社新华视点、《中国日报》《每日经济新闻》《新闻晨报》《新京报》等的新浪官微分别拥有 1625 万、1095 万、1813 万、1933 万、1229 万"粉丝"。中央和地方报纸媒体在微博领域依托强大的微博"粉丝"基础，在微博上的信息传播具有较广的传播范围和较强的影响力。

2015 年 2 月，人民网研究院发布《2014 中国媒体移动传播指数报告》。在报告统计的 200 家报纸、137 家杂志样本中，微信入驻率分别为 93.5% 和 87.6%，其中都市报的入驻率高达 100%。[①] 报纸媒体主要通过微信公众号进行微信内容发布。随着 2014 年微信开通了显示公众账号文章阅读次数和点赞数功能，媒体微信公众号推送文章的阅读数得到透明化，文章点赞功能也进一步强化了用户与媒体的互动。功能的进一步提升使原本就在长

---

① 燕帅、赵光霞：《人民网发布 2014 中国媒体移动传播指数报告》，人民网，2015 年 2 月 9 日，http：//media. people. com. cn/n/2015/0209/c120837 - 26532163. html。

图文推送上具有优势的媒体微信公众号更受用户青睐。根据世纪华文 MBR 数据，全国 259 份报纸每个月在微信平台的提及量高达 45 万次，并且每个月以 7% 的速度增长。微信已成为报纸进行微传播的一个重要移动平台。

新闻客户端是传统门户的重要移动渠道，在移动互联时代更受用户青睐。根据比达移动用户调查数据发现，2015 年第二季度，国内手机新闻客户端在智能手机用户的渗透率达 62.02%，用户规模达 5.38 亿。几大主流手机新闻客户端产品日益成熟，其中搜狐新闻、腾讯新闻、网易新闻和今日头条的日均活跃用户数均超过 1000 万。[①] 传统报纸也通过入驻新闻客户端等形式，获得用户订阅。

2014 年，报纸自有客户端（媒体 App）作为一种新的传统报纸融合新媒体的形式发展迅速。一些大型报业集团试图通过自建独立新闻客户端的形式进行移动化转型。根据世纪华文 MBR 数据，2014 年媒体 App 类别下载量高达 55366998 次，成为用户新宠。其中，因掌握资源和资本优势等因素，中央主流媒体 App 表现抢眼。

---

① 《2015 年第二季度中国手机新闻客户端产品市场研究报告》，央视网，2015 年 7 月 2 日，http://imall.cntv.cn/2015/07/02/ARTI1435832323312389.shtml。

2014 年 6 月 11 日，由新华社推出的"新华社发布"客户端上线，上线当日单篇稿件最高点击量超过 1130 万人次，页面浏览量超过 5000 万人次。2015 年 6 月 8 日，经过了 118 项改进和创新后的新版客户端"新华社"正式发布。截止到 2015 年 6 月 28 日零时，新华社客户端总下载量达到 5204 万。① 2014 年 6 月 12 日，人民日报客户端正式上线，上线一周下载量即超过 200 万。人民日报客户端上线一年，用户数持续攀升，截止到 2015 年 6 月，自主下载量突破 4500 万，活跃度维持在较高水平。②

此外，一些地方报业集团推出的具有各自特色的媒体客户端也受到用户追捧。"上海观察""澎湃新闻""界面"作为上海报业集团成立后重点研发的三项新媒体产品自推出便引发了现象级关注。三大新媒体产品定位各有侧重，"上海观察"聚焦上海本地时政、财经等重要新闻事件，"澎湃新闻"主打时政新闻和思想分析，

---

① 朱斯哲：《新华社客户端新版总下载量达到 5204 万》，新华网，2015 年 6 月 28 日，http：//news. xinhuanet. com/politics/2015 - 06/28/c_ 1115745295. htm。

② 李建广：《人民日报客户端上线一年　下载量突破四千五百万》，人民日报网络版，2015 年 6 月 12 日，http：//paper. people. com. cn/rmrb/html/ 2015 -06/12/nw. D110000renmrb_ 20150612_ 4 -04. htm。

"界面"侧重于精品商业新闻等。三大媒体客户端拥有来自《东方早报》《解放日报》《经济观察报》等媒体记者组成的内容生产团队，自上线以来便成为中国互联网和移动互联网上重要的原创新闻内容提供商。

　　侧重于地方服务的青岛报业传媒集团掌控传媒先后推出十余个主流新媒体矩阵产品：青网、青岛全搜索、掌上指游、掌控电商平台、掌上直播等。在移动端上，掌上青岛客户端装机量 2014 年 11 月底突破 38 万。[①] 2014 年 6 月，浙报集团推出的"浙江新闻"移动客户端，半年多时间内安装用户超过 500 万，创造了国内同类新媒体产品快速成长的纪录。[②] 2014 年 10 月 30 日，成都传媒集团一口气发布了《成都日报》"锦观"、《成都商报》"谈资"、《成都晚报》"微成都"、《每日经济新闻》4 个客户端[③]。2015 年 5 月，由南方报业集团打造的定位于"有趣有用有钱赚"的"并读新闻"客户端正

---

① 人民日报社编：《融合元年——中国媒体融合发展年度报告（2014）》，人民日报出版社 2015 年版，第 228—229 页。

② 李田滔：《2014 年浙江省媒体融合发展概况概述》，《中国媒体融合发展报告》，社会科学文献出版社 2015 年版，第 227 页。

③ 钟帆：《成都传媒集团发布"4311"战略全力进军新媒体》，四川在线，2014 年 10 月 30 日，http：//sichuan. scol. com. cn/fffy/content/2014 – 10/30/content_ 9500111. htm？ node = 894。

式上线，① 通过增添"阅读即享有现金收益"和社交场景等创新元素获得年轻用户青睐……报纸媒体通过入驻、研发、推出形式多样的新媒体产品，全方位打通了移动互联时代的新闻入口。

（四）跨界与合作成为热门

媒体融合的前提是开放与合作。传媒融合转型，与新传播技术进行结合，需要并且也必定会使传统媒体与新媒体、传统媒体之间、媒体与互联网公司等建立起合作关系。随着一系列相关合作协议的签订，处于不同专业领域的媒体或公司通过各自优势资源的相互结合，有力推进了媒体融合向前发展。

作为移动通信运营商，通信集团公司因掌握数据、网络流量、移动用户等资源成为媒体较为青睐的合作伙伴。2014 年 2 月 24 日，上海报业集团与中国移动手机阅读基地签署了战略合作协议，联手打造《上海手机报》。在此次合作中，上海报业集团的团队拥有 8 年的手机报运营经验，在新闻内容生产、编辑、运营等方面具有丰富经验；

---

① 《并读新闻 APP 今正式上线》，南方报业网，2015 年 4 月 15 日，http://www.nfmedia.com/jtdt/jtxw/201504/t20150415_366651.htm。

而中国移动则在短彩信、流量、网络带宽等渠道与技术上提供支持。双方通过整合品牌、内容、渠道等优势资源，联合打造集短彩信、wap、客户端为一体，融合图文、视频、游戏互动等全方位的移动互联媒体产品群。[①]

2014 年 11 月 17 日，央视与中国移动合作，通过中国移动在合作机型中预装央视新闻、央视影音 App 的形式推广央视新媒体产品。12 月，央视与中国移动签署战略合作框架协议，合作建设 4G 视频传播中心，全面开展 4G 业务合作。中国移动提供 4G 网络和 4G 用户，央视提供丰富的视频节目资源，双方优势合作为移动端用户带来流畅的视频观看体验。2015 年 10 月 8 日，人民日报社与中国电信集团公司签署战略合作协议，双方将在云计算、大数据、舆情等领域开展深入合作。[②] 通过发挥各自内容与技术优势，在云产品、数据分析产品、舆情服务产品等方面提供服务。

---

① 《上海报业集团与中国移动手机阅读基地签署战略合作协议》，网易财经，2014 年 2 月 24 日，http：//money. 163. com/14/0224/20/9LSHEP0600253B0H. html。

② 《中国电信集团公司与人民日报社签署战略合作协议》，CCTIME 飞象网，2015 年 10 月 9 日，http：//www. cctime. com/html/2015 - 10 - 9/2015109161496429. htm。

传统媒体与新兴网络公司合作，是将媒体强大的传播力与网络公司先进技术相结合的尝试。2014 年 3 月，光明日报通过与微软携手，建立了"媒体云"平台。依托微软先进的 IT 基础设施、云计算、大数据等技术建立云平台，为《光明日报》的信息采集、分享与分发提供了保障。11 月 5 日，广东卫视与互联网公司酷云互动达成战略合作协议。通过酷云互动的大数据平台监测用户行为，为电视提供海量的用户收视数据，便于电视节目制作方更加了解用户需求。

2015 年 8 月 21 日，由《深圳晚报》和 ZAKER 移动客户端共同开发运营的深圳版 ZAKER 上线。据悉，截止到 2015 年 7 月底，ZAKER 已累计超过 1.4 亿用户，深圳地区在没有任何垂直服务的情况下已拥有超 300 万用户。[1] 依托于 ZAKER 领先的技术开发优势、丰富的产品运营经验和庞大的用户群体，《深圳晚报》与其合作，进行融合转型。目前，深圳版 ZAKER 上的"深圳热点"和"深圳财经"栏目的新闻内容主要来自报纸为其提供的稿件，除

---

[1]　王致远：《深圳 ZAKER 上线　邀您点击下载》，《深圳晚报》电子版，2015 年 8 月 21 日，http：//wb. sznews. com/html/2015 – 08/21/content_ 3316285. htm。

了新闻资讯上的合作外，依托于《深圳晚报》长久积累的市场资源和品牌影响力，深圳版 ZAKER 还致力于在"社区、生活服务"方面为深圳用户带来全新体验。因ZAKER 公司在移动互联网产品领域开发和运营经验较为丰富，同时拥有先进的技术支持，因此《深圳晚报》与其合作，有利于提升转型效率和成功概率，降低产品开发成本。传统报业和与自身用户定位相符的互联网公司合作，是进行融合发展，实现优势互补的有效途径。

2015 年 8 月 6 日，郑州日报社召开《追根溯源百家姓》百集系列剧研讨会，这标志着由郑州报业集团投资的全球首部百家姓主题电视系列剧正式步入了开拍倒计时的关键阶段。①

上述事例充分反映了在媒体融合过程中，跨界与合作是融合发展的主流。

（五）"媒体＋电商"开拓多元经营新途径

2014 年 4 月初，新京报、京华时报等 12 家报社与阿

---

① 《百家姓电视系列剧〈追根溯源百家姓〉进入开拍倒计时》，中原网，2015 年 8 月 7 日，http：//news.zynews.com/2015 – 08/07/content_10301443.htm。

里巴巴开展战略合作，联合推出"码上淘"的业务，读者可以通过扫描报纸上的二维码来购买商品。尽管这次合作纸媒并未参与到电商的核心业务中，但却燃起了纸媒在电子商务上发展的野心。

2014 年，多家报社试水电商，表现抢眼。"报纸 + 电商"是传统报业与基于互联网的新型商业运营模式进行合作的一种业务形态创新。随着传统报业数字化与网络化发展的不断深入，传统报业与电子商务相结合成为可能。传统纸媒主要通过搭建电商平台等形式，完成"报纸 + 电商"的合作，从而利用自身的受众、渠道、品牌影响力和公信力等优势资源获得商业利润，使媒体资源"变现"。

京华时报通过创办家庭购物网站京华亿家网较早地进行了电商化尝试。京华时报主张打造专业便捷、安全健康的一站式购物网站。目前，京华亿家网在北京朝阳区、丰台区、海淀区等均开有线下实体店，线上线下共同为消费者服务。① 在四川，华西都市报凭借其在华南地区的影响力，建立了专注于农产品销售的八小时商城。

---

① 参考京华亿家官网 http：//www.yijia360.com/。

八小时商城通过推荐大巴山生态农业产品、设立阳光房农庄推荐纯天然非转基因食品等方式打通健康与安全的农产品与消费者之间的通道。① 在湖南，长沙晚报报业集团打造的星滋味全媒体电商平台，也着重在时令水果、粮油副食等农产品领域进行产品直供直营，受到消费者欢迎。② 品牌效应是传统媒体进军电商的一大优势。传统媒体累积的影响力与公信力使消费者对其打造的电商平台产生信任和依赖，从而产生购买行为。

　　丰富且多元的传播渠道是媒体进行电商化发展的另一优势。媒体本身具有宣传功能，因此利用媒体渠道资源对自家电商平台进行宣传可以节约推广成本。渠道给媒体电商化发展带来的另一个好处，是使媒体掌控产品的供应链成为可能。这得益于媒体长年通过广告或公关业务合作等与商品生产商建立起的良好合作关系。通过利用媒体资源，媒体可以与产品的生产商直接签订协议，完成直供直销。产品供应链是电子商务的核心之一，掌握了产品供应链除了可以保证商品的质量之外，在价格上也能给消费者以实惠。

---

① 参考八小时商城官网 http：//www.8xs.com.cn/。
② 参考星滋味官网 http：//www.96333xzw.com/。

与传统商品售卖不同，电商消费者无法通过感官直接接触商品，因此产品内容推广尤其重要，而这恰恰是传统媒体所擅长的。通过细致专业的文字介绍、精美的产品图片、贴心的视频制作等全方位展示商品，能够让消费者产生在场的感觉，有利于商品的营销。同时，通过积累的新闻策划选题经验进行产品营销选题策划，对传统媒体来说也得心应手。受到传统媒体思维的影响，媒体电商平台的产品信息推送更多了些生活气息，使消费者感受到电商平台的人性化服务，从而减少了对商业推广的抵触情绪，下单和购买行为也就顺理成章。例如，温州日报报业集团旗下的温都猫电商平台，网站首页将所有产品按照"家里吃的""家里喝的""家里用的""厨房用的""车里用的""宝贝用的"等进行分类，一方面这样的分类与众不同、别具一格，使消费者在电商平台上进行商品浏览时具有新鲜感，另一方面这样的分类，更加贴近消费者生活，比如"宝贝用的"这种分类标签在情感上具有加分作用，力求通过与消费者达到情感共鸣以提升用户购物体验。温州网旗下的温州爱购电商平台的产品推送文案则更具新闻特色，有关产品的信息具有故事化描述与表达的特点。例如温州爱购网上的

"太湖大闸蟹"售卖文案，便通过以卖家为第一人称的形式进行商品介绍，其中有关卖蟹人的"80后"身份、卖蟹人与太湖的感情、对卖蟹事业的家族传承等具有"新闻点"的要素均出现在产品介绍详情中，叙述亲切自然，使产品介绍真实感人，令人信服。

完善的物流系统是电子商务有效进行的另一个重要前提。在这方面，媒体的传统发行系统为物流活动的开展打下了基础。例如"温都猫"电商平台便依托报业集团的物流团队进行产品配送。其电商网站针对果蔬生鲜采取的温度专配递送方式，力求做到"上午11点前下单，预计当天配送到家"，保证了产品的新鲜度。①

总体来看，多数报社的电商化发展定位较为清晰，以服务本地用户为主，目标用户定位精准。郑州晚报打造的地铁购电商平台主要定位于"白领潮人"。该平台将打造小型化的本地电子商务，即"小电商"概念，定位于"小而美，小而精"②。其电商网站的"爱美丽""宜生活"等栏目的设定和产品的选取充分体现了其目标定位。楚天优品是湖北日报传媒集团新媒体旗下的电

---

① 参考温都猫官网 http：//www. wendumao. com/index. html。
② 参考地铁购官网 http：//www. dtgou. com/help－list－577－1. html。

商购物网站，其网站首页以"吃湖北粮　喝长江水　品荆楚味"的口号彰显网站定位：致力于搭建一个湖北商品的整体展示平台。因此其"最湖北"板块的产品推荐，如蔡林记、汉口精武、小胡鸭、周黑鸭等均为湖北特色产品。其"楚楚有礼"板块的礼盒筹划还拟定加入楚礼十贡、神农山珍及荆楚非遗礼品等产品，电子商务平台本土化风格明显。①

目前，我国传统报业试水电商的途径主要是基于互联网和移动互联网，以自建购物网站或微信号的形式进行。在媒体类别上呈现的特点为各地方级别报业电商发展迅速，遍地开花。2014 年 10 月，由长春晚报社、杭州日报报业集团、郑州报业集团、青岛报业传媒集团等 10 家单位共同发起，全国 200 多家报社积极参与的中国报商联盟成立。② 这一组织的建立无疑为传统媒体与新媒体进行融合营销、交流合作、互通贸易、联合经营等搭建了一个利益共享的平台。

---

① 参考楚天优品官网 http：//www. uphubei. com/。
② 陈曼：《中国报商联盟正式成立》，《南京日报》电子版，2014 年 10 月 24 日，http：//njrb. njdaily. cn/njrb/html/2014 – 10/24/content_ 132812. htm。

（六）上市挂牌与收购，进行多途径资本融合

在资本方面获得突破，是传统媒体在互联网和移动互联网时代突出重围的关键。媒体融合是一项较为复杂的系统性工程，因此需要强大的资金作为保障。传统媒体主要通过上市、重组、收购等多元化途径吸引资金，以筹集转型融合的资本。

大型报业集团旗下的新媒体公司热衷于通过上市进行融资。例如，人民日报社旗下的人民网、国际广播电台旗下的华闻传媒、浙江日报报业集团旗下的浙报传媒、北京青年报社旗下的北青传媒、广州日报传媒集团旗下的粤传媒等公司通过在上交所、深交所、香港联交所等地以 IPO 或者借壳上市的形式在境内外上市。数据显示，目前上交所共有 24 家传媒类上市公司，市值约为 6400 亿元，传媒行业各类再融资金额超过 200 亿元。[①] 从 2015 年年初至 2015 年 7 月底传媒行业板块涨幅为 111.44%，指数表现强于沪深 300 指数 85.01 个百分点，

[①] 游芸芸、余胜良：《资本和机制融合助力媒体转型》，人民网，2015 年 8 月 21 日，http://media.people.com.cn/n/2015/0821/c40606 - 27495381.html。

在所有行业指数中表现位居第二，仅次于软件与服务行业。

2014 年 2 月，济南日报控股山东舜网传媒股份有限公司成功登陆全国中小企业股份转让系统（即"新三板"）。同年 7 月，湖北日报传媒集团控股的湖北荆楚网络科技股份有限公司在"新三板"上市。2015 年 7 月，辽宁报业传媒集团旗下的新媒体公司辽宁北国传媒网络科技股份有限公司在"新三板"上市。据荆楚网披露的 2014 年度报告数据：2014 年，公司完成销售收入 7866.00 万元，较上年同期增长 124.84%；实现净利润 2213.58 万元，较上年同期增长 591.97%。截止到 2014 年 12 月 31 日，公司总资产为 14904.72 万元，增长 12.92%。① 登陆"新三板"，成为传媒公司拥抱资本市场的一个重要路径。

将传媒集团旗下的上市公司进行重组是进行资源整合的有效途径。2014 年，上海文化广播影视集团旗下的百视通和东方明珠资产重组，百视通新增股份换股吸收

---

① 《荆楚网：2015—008（2014 年度报告摘要公告）》，东方财富网，2015 年 3 月 17 日，http：//data. eastmoney. com/notice/20150317/2Wvl2VzHznE9Cy. html。

合并东方明珠，实现两家上市公司的整合。据悉，东方明珠的业务侧重旅游、文化娱乐；百视通作为 IPTV 公司，侧重新媒体业务。根据方案，上海文广集团将向新公司注入东方购物、尚世影业、五岸传播和文广互动四块优质资产，同时募资超过百亿，近半投向互联网电视领域。新公司将凭借文化传媒全产业链，成为 A 股首家千亿市值规模的文化传媒集团。[1]

数据显示，2015 年前 7 个月深市的互联网传媒类公司作为并购方发起的并购共计 108 起，披露交易金额 337.25 亿元。[2] 除了传统媒体集团通过兼并或收购的形式进行资本运作外，一些大型互联网公司也将目标锁定传统媒体，通过入股传统媒体实现网络与传统媒体的融合发展。

2015 年 6 月，阿里巴巴以 12 亿入股 SMG 旗下的"一财"。阿里巴巴旗下的 B2B 平台、B2C 平台则可以提供大量原始数据。而第一财经通过整合旗下日报、通讯社、研究院等渠道的内容成立内容中心，为支付宝提

---

① 《千亿市值传媒集团横空出世　传媒＋互联网成亮点》，证券时报网，2014 年 11 月 18 日，http://kuaixun.stcn.com/2014/1118/11855187.shtml。
② 游芸芸、余胜良：《资本和机制融合助力媒体转型》，人民网，2015 年 8 月 21 日，http://media.people.com.cn/n/2015/0821/c40606-27495381.html。

供财经领域的所有行情内容，实现第一财经整体入驻支付宝。2015 年 7 月，乐视斥资近亿元于北青传媒，乐视董事长贾跃亭仅次于大股东北京青年报社，成为其第二大股东。7 月 15 日，受收购消息的影响，北青传媒股票当日大涨 75%，报收 9.1 港元，当日成交量为 5952.87 万港元。据粗略统计，北青传媒 1 日的涨幅超过了此前 7 年所有涨幅之和。[1] 因北青传媒主要从事广告销售业务，在此前也有筹办赛事的业务；而乐视携带乐视影业、乐视体育、乐视 TV 等，作为典型的互联网企业，其将为北青注入互联网基因，二者在体育赛事方面的版权与平台合作也值得期待。

2014 年 8 月 19 日，由上海报业集团、元禾母基金和华映资本共同发起的八二五新媒体产业基金正式成立。这一基金名源自上海报业集团旗下上市公司新华传媒的股票交易代码，因而其目的是让上海报业集团能够通过介入产业、产品的前端进一步理解互联网。通过成立基金引进资本，为传媒企业引进人才、进行跨界转型提供了保障。

---

[1] 《乐视入股　北青传媒一日涨幅超 7 年》，中国经营网，2015 年 7 月 15 日，http://info.cb.com.cn/hulianwang/2015_0715/1143818.html。

三　问题分析与影响解读

（一）　现有体制机制成为媒体融合的掣肘

1. 制度保护导致传统媒体融合内生动力不足

一直以来，我国对传统媒体有大量的保护政策，从新闻资源和传播渠道上给予其"特殊权利"的优待，使传统媒体主导了信息传播，独占新闻传播权，具有专属传播平台和渠道。由此，传统媒体成为唯一可以向公众传播信息的平台，具有绝对的内容和渠道优势。因为对信息的"垄断"，传统媒体缺乏忧患意识，存在无视新媒体的地位与作用的现象。在政策的保护下，一些传统媒体养尊处优，高高在上，无视与新媒体融合的重要性和紧迫性。过去虽也说融合，但基本停留在表面的措施和方案上。形势的发展，现实的挑战，使得媒体人越来越清楚地意识到，深度的媒体融合绝不是开通网站、微博、微信等新媒体平台的增量改革，而是涉及传播理念、报道手法、运营机制乃至新闻体制的存量改革；并且后者的改革深度极大地制约着前者的改革实效。

当前，审批制度、主管主办制度、行业管理制度、属地管理制度构成了我国传统媒体管理的四大制度。^① 这些制度虽然适合于传统媒体时代，但在新媒体时代则是需要重新审视的。在管理制度上，由于对传统媒体与新媒体的双重管理标准，使传统媒体具有运营规则优势；在股权结构上，传统媒体或是国有事业单位资产，或者转企改制后依旧一股独大，难以成为真正的市场主体，接受市场的考验。同时国家也会在财政资金和项目规划上给予传统媒体优待，制度倾斜于传统媒体，营造出不公平的市场竞争环境。

属地管理制度使传统媒体存在区域化分割和行业化分割的体制性制约，媒体资源过于分散，难以集中。媒体融合的前提是开放，只有实现了资源共享的第一步，才有机会通过合作，促成融合发展。目前，属地化的管理制度使各地方媒体单独发展，探索改革之路较为艰难。各地方媒体集团力量较小，真正需要的是通过联合以弥补短板，同时各自学习成功经验。因此，构建开放的传媒环境的前提是打破现有管理制度的制约。尽管一些先行媒体集团已在集团合作领域有了一些尝试，但是囿于

---

① 朱鸿军、农涛：《媒体融合的关键：传媒制度的现代化》，《现代传播》2015 年第 7 期。

属地制度，跨地区的合作模式还不成熟。

此外，审批制度在时间效率上会与新媒体的特性相冲突。传统媒体制度影响下产生的政企不分、采编与经营不分、资本运作限制等都会对传统媒体与新兴媒体的融合发展造成阻碍。

2. 传统运行机制难以满足新媒体业务需求

媒体融合要求机制创新，现有传统媒体的生产机制、传播机制、考核机制等大多体现的是传统媒体时代的媒体运营理念，这些固有机制迟滞了传统媒体融合发展的步伐，不论是在新闻生产流程上还是在采编人员的绩效考核上均存在脱节现象。新媒体或成为传统媒体的附属平台，或脱离其单独发展，传统媒体和新兴媒体"两张皮"现象较为普遍。缺乏先进的运营机制作为标准和指导，媒体融合工作必然无法开展。

首先，在新闻生产流程上，从选题策划、采访、编辑到信息发布，多以传统媒体为主。在供稿方式上，记者编辑仍会将重要稿件、质量较高的稿件放在纸媒刊登，纸媒具有稿件优先权。传统媒体的记者进行外出采访，一般还是以文字采写为主，媒体记者的"一次采访 多元传播"的全媒体意识不足导致新媒体平台需要的新闻素材如图片、音频、视频等信息采集不够，采集内容无法满足网站、媒体 App 等平台制作多媒体报道的需要。在后期编辑上，新媒体平台进行稿件和选题编辑的特点是需要大量的多种形式的信息资料，而因为媒体资源共享机制尚不完善，会导致媒体集团的采访资源过于分散，新媒体后方编辑因资料缺乏和整理资料吃力，造成新媒体平台稿件内容丰富性降低，呈现的效果不佳，难以满足用户需求。

其次，在采编人员的绩效考核机制和激励机制上，以发表在纸媒的稿件数量，有无头版稿件、头条新闻，是否是独家新闻等为主的传统媒体考核体系严重阻碍了新闻从业人员在新媒体业务上的发展。传统媒体内部固有的业绩考核标准限制了采编人员对新媒体的重视程度和工作积极性。以传统媒体为主要考核标准的薪酬考核机制也是阻碍媒体人员在新媒体上大展身手的绊脚石。网络供稿数量、网络点击量、文章阅读量、点赞数、评论与转发数等新媒体业务指标在考核机制中的缺失和模糊，也是造成媒体人员"新媒体意识"缺乏的一项重要原因。诸如新闻从业者通过开设与维护个人微博、微信等社交媒体账号，与用户进行互动与交流等措施，尝试熟悉与开拓新媒体业务，均应在奖励机制中有具体而明细的体现，从而有利于媒体人员对新媒体平台的使用与探索，也有利于媒体人员更加了解新媒体和用户，有利于新媒体业务的开展。

最后，落后的人员培训与交流机制也阻碍了媒体人员与时俱进。传统媒体采编人员具有较高的传统新闻素养，但是新媒介素养较为缺乏。这是新传播技术高速发展造成的。传统采编人员的专业业务能力是针对传统媒体培养训练而成的，较为适合传统媒体，应用在新媒体上不太有效。目前，传统媒体普遍缺乏定期的业务提升与培训机制，以及轮岗交流机制。传统媒体采编人员对于新媒体部门的工作流程和工作特点不了解，无法提升利用新媒体报道的能力，综合业务能力低下。因培训机制的不及时，媒体人员无法准确了解国内外媒体的发展趋势和变化格局，影响其更新工作理念，认识媒体融合的重要性。一些针对新媒体业务提升的专题培训，如网页设计、短视频制作、网络新闻采写等对媒体人员提升专项技能也格外重要。

（二）人才队伍结构失衡，人才流失现象较为严重

传统媒体一般需要三类人才，分别是采编人员、技术人员和管理人员。新闻采编人员即记者和编辑，是新闻稿件的内容生产者，是传统媒体人才队伍的主体；技术人员为媒体平台运行提供技术支持和维护；管理人员则是媒体的大脑，决定着媒体运营方向和发展战略。目前，媒体中的这三类群体的分布比例较为不合理，媒体采编人员仍占大多数，技术人才在媒体人才队伍中占据的比例较小。另外，三类群体的新媒体素养均需要提升，以满足媒体融合的需要。

技术的发展使传统新闻呈现形态发生改变，3D 动画视频、无人机拍摄、H5 数字产品等各种各样的新颖的新闻呈现手段以及媒体 App、微博和微信公众号等新媒体产品的开发和运营均需要媒体集团中有大量的信息技术人员。与传统媒体以采编人员为主的人才队伍模式不同，新媒体时代，媒体集团中的信息技术人员，尤其是具备数字化技术和新媒体技术的复合型人才比例应该提升。信息技术人员的角色定位也不仅仅是后期的技术支持与维护，其影响着前期新闻素材的收集和采访工作的开展，也决定着

新闻产品的呈现品质。因此，除去增加技术人员的数量外，技术人员在媒体集团中的地位也应该提升。目前国外诸如纽约时报等大型报业集团已经通过裁减记者和编辑，同时增设数字新闻技术岗位的方式进行媒体人才队伍优化。除此之外，还应该增加信息技术人员以满足媒体融合工作的技术需要。只有拥有了大量具备先进技术技能的人才，媒体融合工作才可能顺利展开。

在媒体管理层面，媒体管理层人员缺乏企业家精神也是普遍存在的现象。一般来说，传统媒体的高层管理人员具有一定的行政级别，是由上级任命的，因此这种行政任命会使管理人员缺乏市场意识和运营经验。媒体管理人员需要具备较强的新闻专业能力，敏锐的洞察力，卓越的领导力，较强的接纳能力、判断能力和前瞻能力。随着技术的高速发展，能及时转变思想和理念，因时制宜、因地制宜，领导媒体适时转型。

在 2015 年 5 月 7 日召开的全国政协"推动传统媒体和新兴媒体融合发展"座谈会上，全国政协委员、原新闻出版总署副署长、中国新闻文化促进会会长李东东指出，报业集团和广电集团在融合发展中遇到的最紧迫的问题是人才问题，即主流媒体所需要的新媒体技术及业务骨干难以引进和传统媒体的采编业务骨干频频流失。2014年，传统媒体业经历了一场声势浩大的媒体人大出走。2014年10月，新浪高级副总裁、总编辑陈彤辞职，同年11月宣布加盟小米公司，担任小米副总裁；2015年初，陈朝华辞任《南方都市报》总经理，出任搜狐副总裁及搜狐网总编辑；《纽约时报》中文网副总编于困困辞职，转而成为玲珑沙龙创始人；6月，《第一财经日报》总编辑秦朔宣布离职；7月，原中央电视台经济频道副总监郑蔚离职，加盟爱奇艺出任首席信息官；8月，《新京报》深度报道部副主编张寒离职，加盟今日头条；9月，中央电视台主持人张泉灵、郎永淳先后宣布离职……以一些资深媒体人跳槽和离职为代表，传统媒体业的人才向互联网、移动互联网甚至是其他行业流失给传统媒体业带来了巨大的损失。在情感上，容易使原有工作团队、媒体集团甚至是媒体行业陷入自我怀疑和自我审视的情境中，行业内部凝聚力减弱；在业务上，一些具有较高专业素养和管理能力的传媒人才流失也不利于行业的发展。

（三）网络侵权现象日益突出，版权保护亟待强化

新媒体带来的传播渠道的多元化使媒体版权问题日

益凸显。产生于传统媒体的原创内容被新媒体通过照抄或者改写的方式进行无条件使用成为常态。一篇热门文章被众多新媒体平台热推，互相抄袭的现象普遍存在。根据 2015 年 1 月召开的"剑网 2014"专项行动总结会上的一组数据显示，自 2014 年 6 月"剑网 2014"专项行动启动以来，各地版权行政执法部门共查处案件 440 起，移送司法机关 66 起，罚款人民币 352 万余元，关闭网站 750 家。上海射手网侵犯影视作品著作权案、一点网聚公司非法转载文字作品案、建工之家侵犯软件著作权案、江苏高清影视下载网侵犯影视作品著作权案、安徽 999 宝藏网侵犯软件著作权案、湖北多家网站涉嫌侵犯《知音漫客》杂志著作权系列案等 10 起典型网络侵权盗版案件，被列为"剑网 2014"专项行动十大案件。[①]由此可见，网络侵权和网络盗版行为的猖獗。

新闻聚合平台今日头条因不生产原创新闻而屡陷版权风波。2014 年 6 月初，移动客户端"今日头条"被拥有《广州日报》信息网络传播权的广州市交互式信

---

① 隋笑飞：《"剑网 2014"专项行动收官　各地版权行政执法部门查处案件 440 起》，新华网，2015 年 1 月 14 日，http：//news. xinhuanet. com/legal/2015 -01/14/c_ 1113997093. htm。

息网络提起著作权之诉。6 月 24 日，搜狐宣布对今日头条侵犯著作权和不正当竞争行为提起诉讼。2015 年 8 月 12 日，湖北日报传媒集团旗下《楚天都市报》对拥有今日头条网站和客户端的北京字节跳动科技有限公司提起诉讼，声称今日头条未经原告授权，采取设立"楚天都市报头条号"、进行深度链接等方式，复制、转载《楚天都市报》大量原创作品。①

　　主打原创报道的界面新闻网自上线便自知新闻稿件会有被抄袭的命运，因此设置了具有讽刺意味的"最佳抄袭奖"。界面新闻网上线不久，这个奖便被颁出。2014 年 9 月 24 日，界面发布的独家新闻《万达上市　章子怡会暴富?》先后被凤凰娱乐、腾讯娱乐抄袭，并造成了和讯网、新浪财经、21CN 等网站的错误转载。② 目前，《新京报》、财新传媒、第一财经网、新华网、凤凰财经等媒体平台通过发布"反侵权通告"的形式，将未经授

---

① 许文苗：《湖北日报集团诉"今日头条"侵权　双方各执一词》，腾讯财经，2015 年 8 月 12 日，http://finance.qq.com/a/20150812/036232.htm。

② 林腾：《"界面最快抄袭奖"首次颁发　用户说这些网站抄得最快》，界面新闻网，2014 年 9 月 24 日，http://www.jiemian.com/article/198875.html。

电信、中国联通颁发了第二张 4G 业务牌照，拉开了我国全面进入 4G 规模商用时代的序幕。

相比之前的 2G、3G 技术，4G 网络信号传播速度更快、更稳定。由于网速的加快，在移动终端观看视频成为可能，视频清晰度和流畅度得到提升。对于电视媒体来说，移动终端的节目形式更加多样，直播节目、节目的时长等将随内容需要而定，而不因技术原因影响视频节目的提供。对于记者，甚至是普通用户来说，也可通过移动终端拍摄新闻现场，进行新闻内容生产。视频的形式使新闻现场更加清晰、准确地呈现在受众眼前，更加接近新闻事实和真相。

据悉，国际电信联盟已经启动 5G 标准研究工作，并明确了 IMT–2020 的工作计划。中国也在积极发展 5G 技术和产业，2015 年 2 月正式发布了 5G 概念白皮书，一些中国通信企业积极在新技术领域投入研发，例如华为公司计划在 2013 年到 2018 年的五年间豪掷 6 亿美元进行 5G 应用的研究和创新。[①] 可见，更快、更稳的 5G

---

① 《中国发布 5G 概念白皮书 全球 5G 标准 5 年内完成》，新华网，2015 年 2 月 12 日，http：//news. xinhuanet. com/tech/2015 – 02/12/c_127486746. htm。

技术的普及也指日可待，而其必将给传媒业带来一系列的影响。技术牵引力深刻引导媒体融合的发展方向，并推动着媒体快速转型。

2. 创新传统媒体体制机制，优化人才和组织机构构成，构建现代传播体系

进行传统媒体制度和机制创新，推动传统媒体集团实行现代企业制度。现代企业制度有利于保障传统媒体与新兴媒体的融合发展。一方面，通过媒体集团股份制改造，可以使传统媒体适应市场化和国际化发展趋势，可以使传统媒体跟上新兴媒体发展的步伐；另一方面，在现代企业制度下建立股权激励制度等，向资深媒体人提供公司股票期权，可以让媒体员工的个人利益与集团长远利益紧密相连，可以建立起媒体内部的创新机制，通过孵化项目等培养媒体人的创新意识。

在媒体集团的组织架构上，设立扁平化的大工作平台，打通不同平台、部门，共享信息资源，实现媒体部门间的重组与融合，是传统媒体与新兴媒体融合发展的必然的趋势。媒体融合阶段，媒体集团需要具有全媒体实操经验的新型新闻人才。在人才管理制度上，一方面，实施媒体人员专业培养职业发展体系，保证媒体人员自身专业素养的提升和多通道的发展；另一方面，建立人性化的人员进出制度，根据技术发展需要，增设数字化、可视化等新媒体技术人员岗位，可以保证媒体产品的多样态。在内部员工福利上，一些大型互联网公司做出了表率。比如，腾讯公司的企业文化福利就是业界的一个标杆。根据腾讯文化公众号文章显示，在腾讯工作，员工可以享受健康免费理疗服务、15 块预约上门理发、免费中医问诊、公益假、安居计划解决首套房购买问题、"爱马哥"员工专属咖啡厅等福利。一系列的企业文化福利有利于培养员工的归属感，提高员工工作积极性，从而更加高效地为公司服务。据我们调研，目前有不少媒体的新媒体后台运营专员都是没有多少媒体实践经验的实习生。由此可见新媒体平台在传统媒体人观念中所处的地位，也可以推想这些新媒体账号的运营质量。这种情况不改变，媒体融合不可能真正见成效。

　　传统媒体要在互联网时代发展，需要具备适应互联网生态环境的灵活的运营机制，拥有大批熟练掌握现代传播工具的复合型人才，因此媒体整合与转型要求传统媒体积极参与到管理机制创新的探索中去。传统媒体体制机制创新，是进行"一体化发展"的前提，只有有了制度保障这一根本性保障，媒体才能进行组织结构改革，建立起现代传播体系，深度融合发展。

过去的一年，许多报业集团进行了体制机制的改革，这是媒体融合发展过程中的有益探索。体制机制创新，为媒体融合工作有序、健康、快速开展提供了制度标准和制度保障。苏州日报报业集团将传统媒体与新媒体管理制度互联，打通不同媒体平台之间的人员安排与内容供给，实现资源共享。各采编部门均设置新媒体小组成员，专项负责本部门的微博、微信公众号等新媒体平台的运营，使报业集团旗下的新媒体矩阵专门化、专业化。在内容提供方面，通过制定记者参与微博发稿暂行规定，明确了记者向微博等新媒体账号发稿的奖励机制，提升了采编人员向新媒体供稿的积极性。华西都市报社建设了学习型学分制的考核机制，先后制定了《华西都市报整合传播流程管理制度》和《华西都市报全媒传播操作细则》。2014 年初，华西都市报根据即时报道和全媒体报道的需要，修改了编采绩效考评办法。① 通过系统化与规范化的制度规定和管理办法，进行以"两微一端"为

---

① 孙明：《媒介融合趋势下纸媒的升级与突围——华西都市报媒介融合变革启示》，《新闻战线》2015 年第 5 期。

主的新媒体管理。新出台的管理规定具有精细化、可操作性强等特点，这些具有指导意义的明确规定也可以督促采编人员提升自身综合素质，以满足体制要求。

3. 转变传统媒体发展理念与思维，再造新闻生产流程，重构用户关系，提供个性化、社交化、垂直化服务

转变媒体经营与发展理念是转型的前提。目前已有不少媒体通过开通新媒体平台或者一些具体实践证明自家媒体正处于转型的大潮中。然而通过现有的一些现象可以观察到，有些媒体的转型仅仅体现在转型行为的表面，在本质上仍然是按照传统媒体的思维在办事，比如在新闻生产流程上的墨守成规。因此，进行媒体融合的前提是思维的转变，在"互联网＋"计划的契机下，使媒体业完成产业升级。新媒体不只是传统媒体的附属新闻发布平台，新媒体平台需要新媒体专员根据网络的自由、快速、分享、互动等特性进行专业化运营。2015年"两会"报道期间，光明日报通过全媒体联动生产模式，以"流水线"式的新闻生产满足了不同终端的需求。以新媒体产品《炫融特刊》为例，其产品的内容生产经过了国内政治部编辑进行内容筛选、美编和设计人员进行页面视觉美化与加工，最后通过编辑审核由新媒体账号的运营编辑进行内容发布。全新的新闻生产流程充分发挥了不同岗位人员的才能，新闻工作得以高效、有序地完成。同时，又能实现"一次采集、多终端发布"，针对不同新闻终端的需求进行不同新闻形态的生产，确保新闻传播效果。

在 2015 年国庆黄金周的报道中，《大河报》的采编人员通过实践体现了其传统理念的转变。休刊不停"报"，传统采编人员在国庆放假期间正常进行新闻采集，不同的是，记者通过手机撰写新闻稿，并将稿件首先在大河报客户端、官方微博等新媒体终端发布。大河报社鹤壁、濮阳驻站记者谷武民过得比平时还忙碌。假期期间，他在《大河报》新媒体刊发了 17 篇稿件。[1] 通过媒体思维的转变，不是把新媒体视为替补而是利用新媒体优势进行优势互补，大河报客户端、官网、微博、微信等各新媒体终端在国庆期间的报道为受众提供了及时和丰富的信息服务。"路况直播间""疯狂猜图""文明出游随手拍"等特色栏目的开设，使得信息得以第一

---

[1] 韩为卿、李震：《〈大河报〉：休刊不停"报" 新闻掌中传》，中国新闻出版广电网，2015 年 10 月 9 日，http://www.chinaxwcb.com/2015-10/09/content_326765.htm。

时间滚动传达，实现了用户的参与和互动。

媒体融合工作的本质特点之一是媒体与用户关系的转变，即用户地位提升，媒体需着力培养用户黏性，优化用户体验。在互联网和移动互联网时代，用户被动接受信息的地位发生转变，用户自主性提升，他们可以自主选择信息，同时更可以自主生产内容。因此，媒体融合对于用户需求的关注与满足排在转型工作的首位。媒体需要做的是抓住用户"痛点"，同时利用自身优势竞争。用户是一个集体概念，事实上每个用户的需求是不一样的，用户存在个性化需求和社交需求，媒体便需要通过大数据分析，有针对性地满足用户各方面的需求。在垂直化服务方面，一些地方媒体结合地方资源优势，实时提供天气、停车等信息服务就值得借鉴。

青岛掌控传媒旗下的十余款 App 便具有主打本地服务的功能，立足青岛服务社区公众。以智慧青岛客户端为例，其提供掌上违章处理、路况查询、天气预报、挂号缴费、美食推荐等服务为青岛市民提供生活便利。交通路况查询功能可以通过"高清快照"直播道路探头抓拍的及时路况景观，"交通指数"则形象告知了青岛各大商圈、干道的实时车流量信息，通过掌上查询实时掌握准确的路况信息，了解市内路况、省市高速路况，使有车一族可以合理安排出行时间和路径。而客户端率先提供的违章处理功能可以使车主通过手机查询车辆违章信息，并可以通过手机"违章处理"直接进行移动端缴款，节省了车主前往交警队排队缴费的时间。此外，微青岛和发布会功能为移动视频窗口，发布有关青岛的视频和青岛政府发布会视频。美食板块精选推荐了青岛本地40多家海鲜、烧烤等特色美食店，通过图文详细介绍商家所在地理位置以及美食产品的信息，并以提供菜金折扣等方式为用户带去实惠。学区查询功能使用户可以通过户口和学校名称查询学区划分数据。社保查询功能使用户随时随地查社保和公积金成为可能，用户可以通过手机查询社保基本信息、社保缴纳信息和消费明细。缴电费、水气费、话费；动动手指进行手机挂号；"叽叽"社区的用户互动，文字拍图分享青岛新鲜事等功能从用户角度出发，切实满足了青岛市民的需求。目前，掌上青岛模式还在一定程度上进行了模式输出，掌上吉林、掌上大同、指点兰州、掌上乌鲁木齐等30余个项目在全国推广，为当地媒体的本地化服务提供了借鉴与指导。当然，传统媒体具有社会责任，在满足用户需求的

同时，也要进行甄别与把关，提供有价值的新闻信息与
服务。

2015 年 4 月 30 日，福建日报报业集团和重庆出版集
团开启战略合作，"海都公众 U 我"生活服务将在重庆
地区全面上线运营。①"海都公众 U 我"公众平台是福建
日报报业集团旗下致力于方便居民生活的"互联网＋民
生服务"平台。平台延伸有 516 项全门类的规范化家政
服务，如打扫卫生、清洗空调、居家养老等，有 400 个
U 我的社区养老中心，有 2800 家服务企业为这个平台提
供各种服务。② 通过公众平台，社会资源实现对接，只要
通过网站、App 或微信预约，公众便可以足不出户享受
所需要的生活服务。在"U 我生活"微信公众号上，设
有"U 我商城"菜单，点开菜单现有"空调清洗""钟
点保洁""洗衣机清洗""油烟机清洗""空调清洗"等
服务可以选择。服务价格透明，并具有相应的赔付机制，
为居民服务提供了一体化的保障。"资讯信息"菜单下
细分为"U 我生活""U 我养老""U 我新闻""U 我亲

---

① 张平俤：《福建日报报业集团与重庆出版集团合作　U 我重庆全面上
线》，闽南网，2015 年 4 月 30 日，http：//www. mnw. cn/news/fj/897848. html。
② 《媒体融合"融"什么　地方媒体老总这样看》，中国记协网，2015 年
9 月 15 日，http：//news. xinhuanet. com/zgjx/2015 - 09/15/c_ 134624781. htm。

子"等子菜单，新闻信息分类化处理，为不同群体用户提供了个性化的信息服务。

《中国石化报》作为行业报，其新媒体发展平台如中国石化新闻网、中国石化手机报、"两微一端"等在提供垂直化、分众化信息服务上表现出色。例如，作为石油石化行业网站，中国石化新闻网致力于提供专业和权威的石油石化资讯，新闻网站首页分为"新闻频道""企业频道""生活频道"，分类提供新闻信息，资讯栏目板块和稿件数量不多但是较为专业，同时网站提供中英文双语信息，以满足专业人士需求，吸引了专业机构和人士的关注。中国石化团购网是专门的会员制购物平台，石化员工可以在网站上购物，享受优惠。《中国石化报》还注重根据不同新媒体平台特点提供个性化、垂直化服务。例如，中国石化新闻网新浪官方微博通过发起#看石化#、#车友#、#一线剪影#等话题，及时传递石油石化现场的一线信息，普及相关知识。

4. 加强新闻传播版权保护，将新闻生产业务与媒体经营分离，改革新闻生产方式

版权保护工作可分三个方面进行：首先是培养新媒体从业人员的版权保护意识，在进行新闻转载和引用之前严格按照新闻原创方要求执行，自觉进行自我约束，养成保护版权的工作习惯。对原创内容的生产者来说，除去应具有自我保护的意识外，通过培训等形式，还应使原创内容提供者知道如何通过法律等正规渠道进行维权。其次是加强和完善版权保护的法律立法和修订，增加与明确具体的保护条款和赔偿标准规定，以法律强制力的形式给著作权以法律保护，打造有利于版权保护的环境。最后是在版权保护的监管上加大执法力度，除了已有的"剑网行动"外，增加类似的监管活动，加大监管力度，严厉打击侵权行为。

湖南卫视通过网络视频独播的形式进行的版权保护具有一定借鉴意义。自2014年5月起，湖南卫视决定将自制节目只由芒果TV独家播出，互联网版权不分销。由此引发了极大的行业触动，有不少电视台如央视、安徽卫视都采取了相应的措施，取消了一定版权的分销，注重版权保护。芒果TV致力于提升原创内容优势，充分挖掘独家电视节目的价值，利用节目优势资源实现了用户吸引与变现，营造了以内容为核心的芒果生态圈。通过经过一年多的实践，从效果上看，芒果TV既保护了电视台的节目版权，又取得了相应的商业收益。据悉，其

2015 年的广告招商金额就已经覆盖历年版权分销收入。①
目前，芒果 TV 已建立较为完整的 OTT、互联网视频、
IPTV、手机电视的互联网平台，其优质版权内容、强势
自制能力以及多终端融创优势日益凸显，截止到 2015 年
6 月，芒果 TV 2015 年广告签约金额突破 8 亿，全平台用
户峰值 6000 万，日均 VV 达 8000 万，OTT 用户超过
700 万。②

　　媒体在进行多元经营的同时，要注意将新闻业务与
其他业务分开，确保媒体的公信力不受损害。比如媒体
电商化，在进行商品售卖的同时，要避免给用户带来媒
体通过软文的形式推介商品的感受。媒体可以在商品选
择上，选择与新闻传播内容保持一定距离的产品进行推
广，即产品品类与媒体新闻业务分离，保持独立性。国
外一些媒体对此特别注意，例如《华尔街日报》的电商
平台 The Shops，便选择进军奢侈品行业。《华尔街日报》
始终强调 The Shops 不仅完全独立于其新闻部门的运作，

---

① 叶健：《芒果 TV：独播收入完全能覆盖版权分销收入》，新华网，
2014 年 12 月 6 日，http://news.xinhuanet.com/fortune/2014 – 12/06/c_
1113546098.htm。

② 聂玫：《芒果 TV2015 年广告签约金额突破 8 亿》，微岸传媒，ht-
tp://www.vinan.cn/ShowNews/? 658 – 1.html。

而且其选择的商品和《华尔街日报》的内容也几乎毫不相干。[①]

在新闻产品的呈现形式上，技术进步使新闻的表现方式发生改变。在尊重新闻传播规律的基础上，新闻产品需要在内容呈现、传播方式、传播技巧、新闻语言等方面进行变革。互联网和移动互联网要求新闻内容的呈现更加多样化，图文、音频、视频、3D 动画综合使用，可视化和数字新闻因给用户带来更为直观和美观的视觉体验而更受用户青睐。在传播技巧上，新闻内容的篇幅长短要因微博、微信、客户端等微传播平台的不同而多样化，如在微博上新闻更加碎片化、简略短小；在微信公众号上，既有长篇阅读新闻又有实时滚动信息。在传播语言上，新闻用语更加平实亲和、接地气，倾向于与用户互动。

5. 重建商业模式，进行多元经营业务发展，探索资本融合新路径

新兴媒体的强势崛起，瓦解了传统媒体以广告为中心的赢利模式。因此，传统媒体需要进行多元业务发展，

---

① 郑爽：《传统媒体"变现"　读者资源试水电商》，第一财经日报网，2013 年 11 月 29 日，http：//www. yicai. com/news/2013/11/3152096. html。

进行商业模式的重建，打造开放的一体化的商业体系。比如，建立有偿信息服务，多形态广告服务，将品牌影响力"变现"等商业形态。互联网和移动互联网时代，媒体赢利需要的是流量价值，并且能把流量变为收益。

温州日报报业集团通过全媒体营销、多元经营促增长。一方面利用优势资源进行业务拓展，例如通过举办会展活动将活动策划经验拓展为会展经济。2015 年 3 月，温州日报报业集团协办的 2015 温州国际时尚文化创意产业博览会，5 天展期内共吸引了 10.82 万人次观展，成交额达 2.53 亿元。① 自 2013 年以来，温州日报报业集团各报网刊举办各类展会 46 次，成交额达 9760 万元，营业收入达 6500 多万元，利润达 2800 多万元，温州晚报家博会、温州都市报车博会和折扣展、温州商报婚博会等均已具有较强的品牌影响力。② 另一方面，以互联网思维实现资本融合，优化产业结构。温州日报报业集团

---

① 王舒：《温州国际时尚文博会圆满闭幕　观展人次超 10 万　成交额 2.53 亿》，瓯网，2015 年 3 月 31 日，http：//www.wzrb.com.cn/article608355show.html。

② 方立明：《温州日报报业集团：深化媒体融合　助推报业转型》，人民网，2014 年 11 月 28 日，http：//media.people.com.cn/n/2014/1128/c391006 - 26113394.html。

联合温州书画院创办温州书画艺术网，搭建温州文化金融产权交易中心网络平台。网友不但可以在网上通过"名品赏析"栏目自行欣赏温籍书画名家力作，还可以直接通过支付宝进行在线购买。截止到 2015 年 10 月 11 日，通过网站"成交结果"板块可以看到，其内容更新的结果为已经有 20 幅作品成功售出。温州日报报业集团与在温州"浙江创意园""东瓯智库""国智 9 号"等创意街区产业园通过设立"孵化基地"的形式吸引企业入驻，业绩卓著。

　　苏州日报报业集团主要通过文化产业投资经营进行业务拓展。首先，集团自 2010 年起至 2015 年，连续 11 届策划举办苏州婚庆文化产业博览会，利用自身影响力与积累的资源致力于发展本土婚庆文化，取得了良好的社会效应和商业效果。举办婚博会主题活动，提供婚庆策划、婚纱摄影、婚宴酒店、婚庆珠宝、婚品百货等一条龙服务，为公众带来了切实的生活便利。同时，吸引了大量珠宝、房产、家装、酒店等不同品牌的商家，每年获得稳定且可观的场租收入。连续多年举办的婚博会已经成为当地展会的知名品牌，获得的诸如"江苏省优秀展会""江南十大创意策划案例"等称号使展会本身成为一个知名品牌，在为报业集团带来商业收入的同时，更增强了报业集团的品牌影响力和公信力。其次，通过打造文化产业园增加经营业务品类。2014年，苏报集团与苏州博济科技达成协议，共同打造"苏报·博济文化科技创意产业园"，打造集新媒体、创意设计、互联网与移动互联网等业态于一体的具有创新发展前景的产业基地。与当地政府合资合作的"通园坊创意文化产业园"项目重点发展动漫游戏、软件、设计服务等创意产业，提升了产业园的竞争力与影响力。

浙江日报报业集团通过资本运作，实现了经营突破。进行跨媒体、跨行业投资，集团收购的唐人影视以拍摄古装题材影视剧为主，作品《步步惊情》在2014年取得了较高收视率，而《星月传奇》《秦时明月之龙腾万里》等影视作品均有望为集团带来可观收益。同时，浙报集团拥有的投资机构——传媒梦工场在媒体创投基金、媒体创业孵化基地、新媒体研究院、媒体实验室等项目上表现出色。目前，传媒梦工场被认定为"杭州市级科技企业孵化器"，获得了诸如"新媒体建设特别贡献奖"等奖项，推动了浙报集团的新媒体战略发展。资本运作，要积极探索和运用新的投融资机制。在市场规则下，通过上市、并购、引进投资等形式进行融资，为融合发展做好资本积累与保障。同时，要建立起全球化思维，将目光投向全球，将触角伸向世界，提高国际传播与影响力。

唐绪军，中国社会科学院新闻与传播研究所所长、研究员，《新闻与传播研究》杂志主编，中国社会科学院新媒体研究中心主任，中国社会科学院研究生院新闻学与传播学系主任、博士生导师。中国记协第八届理事会常务理事，国务院学位委员会第七届学科评议组（新闻传播）成员，国家新闻出版广电总局改革发展管理专家咨询委员会委员，全国新闻出版行业领军人才，享受政府特殊津贴专家。主要研究方向：传媒经济、新媒体。代表作《报业经济与报业经营》。

黄楚新，中国社会科学院新闻与传播研究所新闻学研究室主任，中国社会科学院新媒体研究中心副主任兼秘书长，博士。首都互联网协会新闻评议专业委员会评议员，《中国报业》杂志学术顾问，《中国青年社会科学》杂志特约作者。主要研究方向：新媒体、品牌传播、媒体经营。代表作《嬗变与重构：中国 IPTV 发展现状与走势》《新媒介素养》《新媒体环境下的国际传播》《新媒体的盈利模式探析——以自媒体、社交媒体为例》等。

王丹，中国社会科学院研究生院新闻学与传播学系硕士研究生，专业方向为社交媒体。在《新闻与写作》

《新闻战线》《青年记者》《中国报业》《传媒》等刊物发表多篇论文。主持的科研项目有《社会热点事件中的微博参与研究》《新媒体生态下问责制度创新的传播学分析研究》等。曾获"2014 年度北京市专业报好新闻二等奖"。论文《暴力犯罪及自杀事件新闻报道的伦理越线辨析》获"第八届全国新闻学子优秀论文评选"二等奖。